Salman Nurhak … nur die Liebe

Nach Interlinearversionen aus dem Türkischen
von Imdat Ulusoy
bearbeitet von Jürgen Dierking

Salman Nurhak

... nur die Liebe

66 Gedichte

Mit 20 Illustrationen von Gertrud Schleising

Edition Falkenberg

Abbildung auf dem Umschlag: fotolia

1. Auflage 2016

Bgm.-Spitta-Allee 31, 38329 Bremen

produktsicherheit@edition-falkenberg.de

ISBN 978-3-95494-098-1
www.edition-falkenberg.de

Inhalt

Für Rose Pfister und Sabine Albers
mit tiefem Dank für Vieles

Einladung in die lyrischen Gebilde Salman Nurhaks

Bevor Günter Grass seine Laudatio auf Yaşar Kemal hielt, der 1997 mit dem Friedenspreis des Deutschen Buchhandels ausgezeichnet wurde, hatte er sich von dem zu ehrenden kurdisch-türkischen Kollegen »anstiften« lassen, »vom Mittelmeer aus die flachen Lehmäcker der Küste, dann die von Brombeergestrüpp, Wildreben und Schilf bedeckte Çukurova, weiter landeinwärts Sümpfe, abermals fettes Ackerland, myrten-duftende Hügel, Hochebenen, deren eine Dikenlidüzü heißt und fünf Dörfer zählt, zu überfliegen, nun schon mit Blick auf das Taurusgebirge und seine Schneegipfel.« Wer dieser Route folgt, landet auch in der Heimat des gleichfalls kurdisch-türkischen, alevitischen Dichters Salman Nurhak. Geboren 1962, lebt er seit gut zwei Jahrzehnten als politischer Asylant im deutschen Exil, in Bremen. Die Erfahrung, von der Günter Grass im Hinblick auf Yaşar Kemal berichtete, wartet abgewandelt auch auf die deutsche Leserschaft von Salman Nurhaks Lyrik: »Was fremd war, ist mit allen Gerüchen vertraut und bis in die Nöte der landlosen Bauern einsichtig geworden. Wörter können das. Die Literatur hebt Entfernungen auf. Literarische Landnahme bringt uns Menschen nah (...). Sie macht unwegsame Einöden und schroff ragende Adlerfelsen begehbar (....). Sie hebt auf Landkarten gezogene, aber auch unser Bewusstsein schneidende Grenzen auf.«

Salman Nurhak ist – in dem Sinne, wie von naiver Malerei die Rede geht – ein »naiver« Dichter. Die Dimension der (post-)modernen Theoreme vom Schwinden des Subjekts und von der Fragwürdigkeit des Werkcharakters wie die allseits eingeforderte formale Bewusstheit mögen ihm fremd (geblieben) sein. Aber diese Lyrik ist nicht selten noch einmal getragen von einem Klang, der aus der Tiefe von Raum und Zeit zu uns zu dringen scheint. In archaischen Landschaften gehen zwischen uralten Flüssen und verschneiten Hochgebirgen Ackerbauern, Viehzüchter und Jäger, vereinzelt aber auch Künstler ihren Gewerken nach. Wir erfahren beiläufig von Wölfen und Ameisen, Vögeln und Spinnen, Sonnenblumen und Nutzpflanzen in sämtlichen Jahreszeiten. Doch gelegentlich verschlagen uns die Texte des kurdischen Lyrikers auch in zeitgenössische urbane Zentren zwischen Südostanatolien und der französischen Metropole. Wir lernen Kurden, Türken, Armenier und Zentraleuropäer kennen (unter den letzteren auch Gestalten der Bremer Kunst- und Literaturszene), und wir begegnen Aleviten und Muslimen geradeso wie Christen, Juden und Atheisten. Dem exilierten Dichter bleiben dabei die politischen, ethnischen und religiösen Konflikte der einstigen Heimat schmerzhaft lebendig. Doch ersteht aus der bitteren Erinnerung an Völkermord und Massaker, an Verfolgung und Vertreibung, an Gefängnishaft und Folter wie von ungefähr die (zum Glück bislang unzerstörbare) gegenläufige Vorstellung eines friedlichen Zusammenlebens jedweder Völker- und Glaubensgemeinschaften mit allen anderen. Insofern wird es kaum überraschen, dass in diesen dichterischen Gebilden eine zentrale Funktion der Liebe zukommt: So »naiv« ist der Lyriker Salman Nurhak.

Jürgen Dierking

Die Weisen

Ein langer Weg
Hügelig und gewunden
Erkundet das Universum
Die Welt ist so schön
Auf, ihr Weisen
Ich weiß nicht
Ob diese müden bloßen Füße es noch schaffen
Die beiden Kragen des gestrickten Liebeshemdes
Haben sich noch nicht zusammengefügt
Dieses Volk durfte sich nicht versammeln
Die Weisen standen für Nächstenliebe
Gegen Krieg und Gewalt
Ihr habt es vorgelebt
Ihr habt Gesetze verfasst
Die Menschlichkeit lehren
Der Bienenfleiß der Weisen hat sich ausgedehnt wie Eis
Das unter der Sonne schmilzt
Euer Stil ist taghell
Und rein wie Wasser
Eure Bücher wurden verbrannt
Und die Asche dieser Bücher landete auf meinem Gesicht
Alle Tore wurden euch vor der Nase zugemacht
Und die Gefängnistüren öffneten sich
Die Anklage gegen euch wurde vor Gericht verlesen
Sie passte nicht in den Ordnerschrank des Richters
Der auf die erste Seite schrieb:

»Haben wohl den Verstand verloren«
Hinzugefügt war noch: »Landesverräter!«
Sie wurden aus ihrer Heimat vertrieben
Sie verabschiedeten sich von den Menschen
Die sie sehr liebten
Zuflucht fanden sie in einem kleinen Dorf eines anderen
Landes
Mutterseelenallein auf den leeren Straßen
Bis zum Hals voller Probleme
Die Sehnsucht nach der Heimat
Bedrückte ihr Herz
Das Leben verwehte wie Nebel
Übrig blieben nur ihre Werke
Unter Schmerzen verfasst
Die Weisen haben die Liebe nur über einen steilen
Bergpfad erreicht

Die Trennung

Die Trennung pocht an meine Tür
Das Fenster ist offen
Das Glas ist in Scherben zersplittert
Sie liegen verstreut auf dem Fußboden umher
Spinnen haben Netze gewebt
In jedem Winkel des Raumes
Gelangweilt miaut deine Katze
Auf dem Sessel, wo du so gern gesessen hast
Sie reckt sich und schleicht durchs Zimmer
Deine Blumen stehen vertrocknet im Topf
Ihre Blüten sind zu Boden gefallen
Dein Bild, das du eigenhändig aufgehängt hast
Unter dem dicken Staub, der sich dort niedergelassen hat
Deine Decke hängt vom Diwan herab
Das Kissen ist von deinen Tränen feucht
Hier war es meiner Geliebten zu kalt
Und sie verschwand
Zog in ein anderes, wärmeres Land

Sonnenblume

Traurig und einsam
In einem Garten
Versteckt sie ihre Blüte
In der Hoffnung auf Sonnenschein
Mit Geduld erwartet sie die Dämmerung
Die Sonne geht auf
Die Blüten öffnen sich
Die Blume freut sich und
Schläft nackt mit der Sonne
Die Sonne zieht die Blüten an
Dreht sich die Sonne
Dreht sich auch die Blume
Geht die Sonne unter
Sammelt die Blume ihre Blüten ein
Und wird traurig

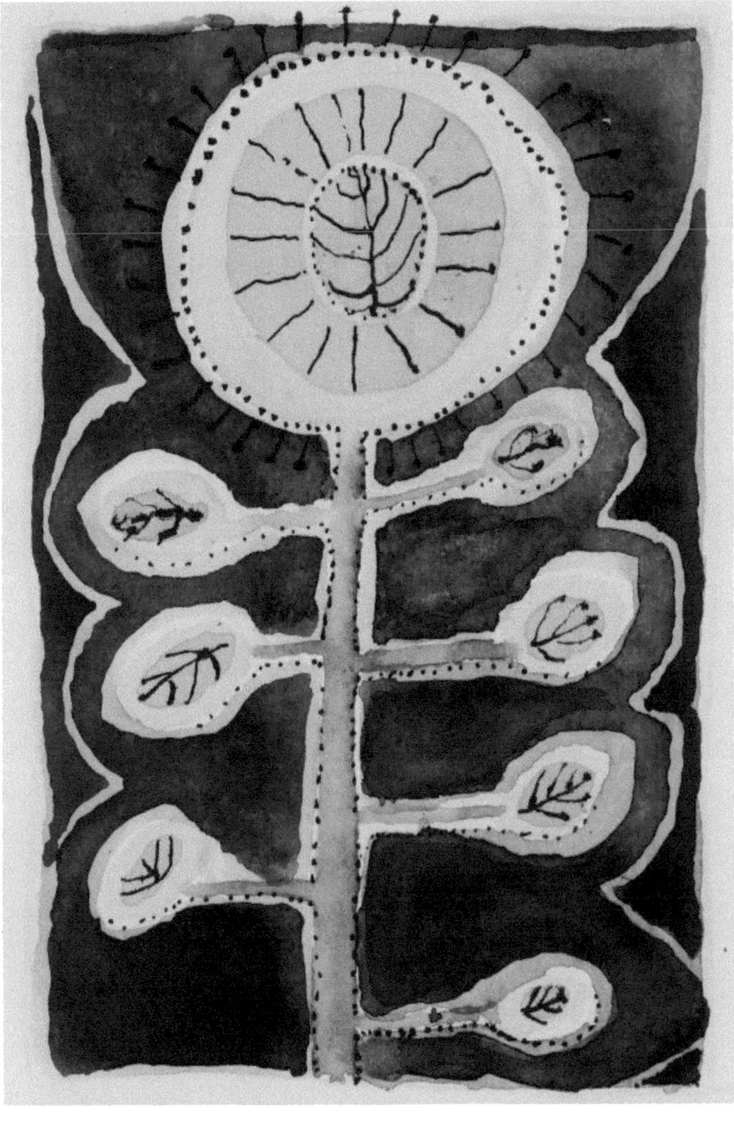

Bergige Heimat

Bergketten
Berge, die den Himmel durchlöchern
Schneebedeckte Berge die bis zum Himmel reichen
Zwölf Monate vier Jahreszeiten
Berge die unter dem Schnee widerstehen
Kämpfen Zahn um Zahn …
Berge die in ihren Schatten die Liebe schützen
Und in ihren Armen die Vögel …

Friedensmütter

Ihre Seelen sind von Leid zerrissen
Im Krieg haben sie ihre tapferen Söhne verloren
Die aus einer Seele gekämpft haben
Gegen Krieg und Gewalt
Gegen Grausamkeit und Unrecht
Die Friedensmütter auf jenen Wegen
Die zu Friedenswegen ernannt wurden
Laute Schreie nach Frieden waren auf den Straßen zu
hören
Und Friedenslieder hallten wider
Angekommen in der Stadt
Von Trommeln begleitet
Haben sie alle halay* getanzt
Wir haben an die Friedensmütter
Rosen für den Frieden verteilt

* halay : ein traditioneller Ringtanz in Anatolien.

Die Malerin

Könntest du dein glückliches Gesicht malen
Ein ganz großes Gemälde hat sie vor sich
In einer Größe von 120 auf 100 cm
Auf der einen Seite hat sie einen Obstgarten gemalt
Mit Tausenden von Rosen bepflanzt
Zwei Hände an den Ecken
Die voneinander entfernt sind
Etwas weiter von ihrem Garten weg an einem Flussufer
Hat sie ein Holzhaus gebaut
Aus dem Fenster schaut sie in den Fluss
Sie hat die Farben und ihre Lieben vermischt
Die Lieben hat sie nach Farben verteilt
In den Garten hat sie keine Vogelscheuche gemalt
Damit die Lieben keine Angst haben
Um Gottes Liebe willen hat sie solche Bilder gemalt
Und dann ist sie in das Tal entkommen
Keiner hat nach der Malerin gefragt
Sie hatte schöne Augen
Ihre Gemälde wurden dann vermisst
Die Malerin war gerade so schön wie ihre Gemälde

Orhan Dogan[*]

In der Zeitung *Özgür Politika*[**] hab' ich es gelesen.
Es stand auf der ersten Seite
Gestorben an Herzversagen
Freuen sollen sich die Feinde
In meinem Herzen weitet sich der Schmerz
Der Fluss Botan[***] weinte in tiefer Trauer
Obwohl unser Ausblick immer so zuversichtlich war
Er jedoch war tapfer wie das Kienholz
Und wir brannten wie der Docht
Die Todesnachricht verbreitete sich wie eine schwarze
Wolke
Über den Gipfeln
Am Horizont war sie zu sehen
Sie verschwand zwischen den steilen Bergen

* Orhan Dogan (1955–2007): Ein kurdischer Politiker, der sich für Menschenrechte und Frieden einsetzte. In seiner Heimat zum Abgeordneten gewählt, wurde er 1994 im Parlament verhaftet und kam nur durch eine Intervention der EU nach über zehn Jahren wieder frei.

** Özgür Politika »Freie Politik«: eine Tageszeitung in kurdisch-türkischer Sprache.

*** Botan: hier: ein Fluss (sonst auch der auch Name einer kurdischen Region).

40 Tage und 40 Nächte durchlebten wir tiefe Trauer
Um den tapferen Kämpfer
Am Todestag gedenken wir seiner
Jedes Jahr mit Respekt
Und versprechen
Die Erinnerung lebendig zu bewahren
Du bist nicht tot, sondern lebst in unseren Herzen weiter
Du wirst immer in uns sein
Die Erinnerung an dich ist uns zur Anleitung geworden
In unseren Herzen lebst du weiter

Newroz*

Auf dem Gipfel brannte das Feuer
Gegen Grausamkeit und Ungerechtigkeit
Verbreitete es sich in den Bergen
Der Berg erstand auf
Die Sonne auf dem Schoß
Erwachte die heilige Mutter Erde
Mit der Vorfreude auf den Frühling
Bezwang sie den trockenen Winter
Die Natur erwachte aus dem Schlaf
Die hellen Tage brachen an
Newroz neuer Tag
Newroz Auferstehungstag
Newroz Tag der Rebellion
Ein frohes Newroz-Fest

* Newroz: Das kurdische Neujahrsfest wird am 21. März gefeiert und ist seit 612 v.u.Z. belegt.

Wunschbaum

Der Wunschbaum streckte sich weit auf der Brust des
Berges
Wie er sich das gewünscht hatte
Seine Äste sind nicht sichtbar
In den Vogelnestern und auf den Zweigen
Zwitschern und singen die Vögel
Der Wunschbaum scheint seine Erde gemocht zu haben
Und streichelt sie
Bei Hitze im Sommer
Wünscht er sich Liebe und Regen
Auf seinem Lebensweg
In den Himmel schauend wünscht er sich etwas
Plötzlich fängt es an, in Strömen zu regnen
Und der Wunschbaum wird vor Freude verrückt

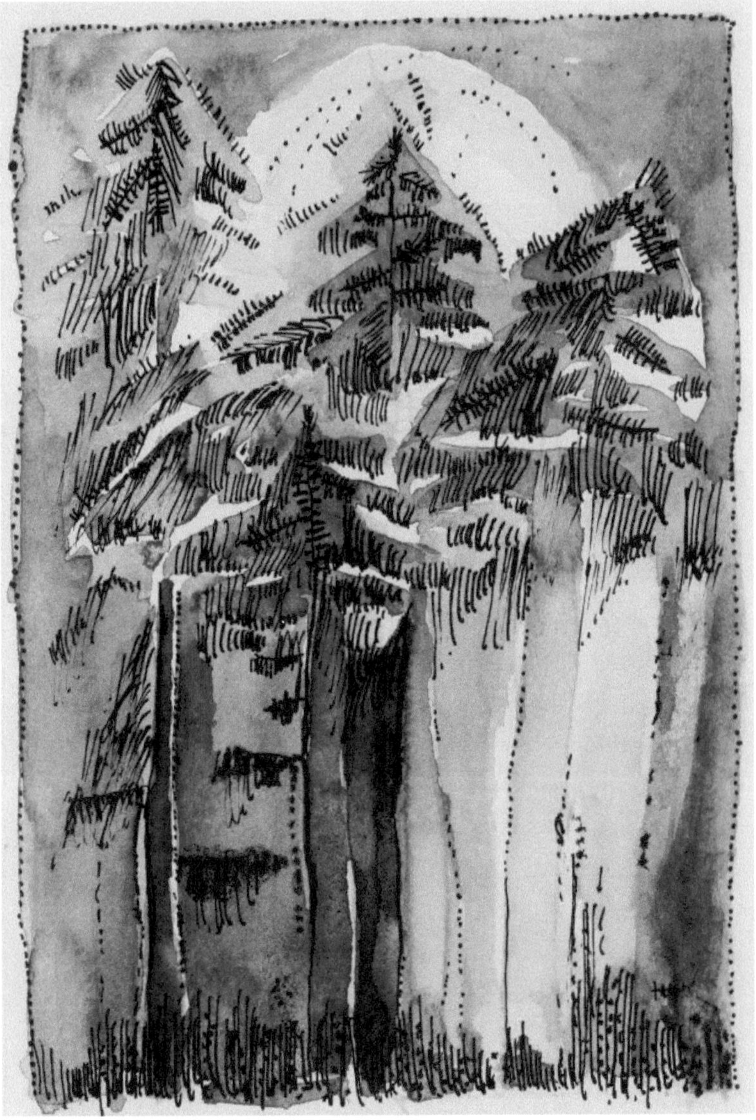

Die Katze

Sonnenschein sickert durch das Fenster ein
Darin schläft sie
Schlaf gut du unartige Katze
Im Schlaf redest du von einer Maus
Plötzlich zuckt sie zusammen und strafft sich
Sie nimmt den Schwanz zwischen die Beine
Und macht einen Buckel
Erbarmungslos fällt sie die Maus an
Das Tanzfest hat begonnen
Mit beiden Pfoten fasst sie die Maus
Und hebt sie höhnisch hoch
Mit einem schlauen Trick wirft sie die Maus zu Boden
Das war der erste Akt des Festspiels
Die Katze stellt sich aufrecht hin
Die arme Maus liegt erschöpft am Boden
Miauend dreht die Katze eine Runde um sie
Sie berührt sie wieder mit den Pfoten
Der Tanz geht weiter
Sie dreht sie nach rechts und links
Indem sie ihr gnadenlos in die Augen starrt
Sie wirft schleudert die Maus noch einmal zu Boden
Arme Maus ist tot
Das war's
Und sie freut sich wie verrückt
Sie läuft noch einmal um die Maus herum
Und miauend stolziert sie davon

Spinne

Zurückgezogen in ihrer Ecke in dem engen Zimmer
Ist die Spinne ruhig und besorgt
Im ersten Teil ihres Netzes schwingt sie zitternd
In diesem architektonischen Bau
Sie baut schon den ersten Pfeiler ihres Zeltes
Und kommt rückwärts kletternd heraus
Sie webt ihr Zelt fertig
Und legt sich ruhig und besorgt hin
Sie saugt das wesentliche Blut des Lebens
Und kommt wieder zu sich

Das Herz der Geliebten

Das Blut ist gefroren
Fließt nicht ins Herz
Tausende Wildblumen in ihrem Herzen
Die noch nicht aufgeblüht sind
Ihr Gesicht ist mit Schneewasser gewaschen
Die man nirgendwo sah
Und ungeliebt wurde sie
Aus ihrer Mutter-Erde
In ein fremdes Land verbannt
Auch dort wurde sie nicht geliebt
Sie sehnte sich sehr nach ihrer Mutter-Erde
Sie wurde zu einem Wind
Der im Himmel und auf der Erde weht
Sie wurde zu einem Frosch im Maul einer Schlange
Das Herz der Geliebten war verwelkt
Und wurde im Hochgebirge verstreut

Zaunkönig

Zwischen den dornigen Zweigen
Hüpft der Zaunkönig
Und flattert mit den Flügeln
Groß wie eine Handfläche
Gelb und blau sind seine Flügel
Bunt ist seine Brust
Dunkelgrün sein Schwanz
Er erinnert an den Vollmond
Sehr warm ist der Zaunkönig
Er hüpft auf einen Zweig
Und umklammert ihn mit schwachen Beinen
Flatternd springt er
Auf einen dornigen Zweig
Ein Dorn des Zweiges sticht in seinen Flügel
Verwundet den Zaunkönig

Kinder dieser Welt

Alle sind unsere Kinder
Das schwarzäugige
Und das blauäugige
Alle sind hübsche Kinder
Kinder haben recht
Das schwarzäugige weint
Das blauäugige schenkt ihm Bonbons
Daraufhin lächelt das schwarzäugige
Das blauäugige hält es bei der Hand
Und führt es zum Strand
Das blauäugige lächelt
Hier hab' ich zwei Bonbons Kinder
Zwei mal zwei macht vier
Für jedes von euch habe ich zwei Bonbons
Spielt zusammen Kinder

Mein Knastkumpel Mehmet

Mehmet wir sind Gefangene
Für ein unabhängiges Vaterland
Wir sind nämlich Gefangene für die Freiheit
Wir sehnen uns nach den verschneiten Bergen
Und den ausgesäten Feldern mit Weizen und Tabak
Die Glocken des weidenden Viehs läuten nicht
In unseren Ohren
Wir sehnen uns nach den Bäumen mit ihren grünen
Blättern
Und wir vermissen die Gespräche beim Tee in den
Dorfstuben
Die uns ins Gedächtnis graviert sind
Wir sind Gefangene für die Freiheit
Deren schwaches Kerzenlicht nicht verlöschen darf
Vergiss nicht
Die Zukunft wird uns gehören

Liebespflanze

Strohgelb ist sie
Ihre Wurzel hat sie im sprudelnden Wasser
Sie umarmt das Wasser
Und es versteckt sie
Ihre Haare sind feiner als die eines Mädchens
Schmetterlinge sitzen darauf am Morgen
Gleich neben ihr ist ein Derwisch
Der die Liebespflanze pflügt
Ihre Wurzel im Wasser
Wächst von dort aus
Schmetterlinge setzen sich auf sie
Du zupfst an den Haaren des Mädchens
Und das Mädchen schweigt
Und du Derwisch trinkst immer das Wasser der
Liebespflanze
Aus deiner Handfläche

Leb’ wohl

Heute geht es mir ziemlich gut
Meine liebe Freundin
Frag mich nicht nach der Zukunft
Sie ist deiner Liebe überlassen
Dein Haarbüschel habe ich
An der Wand hängt noch das Bild
Das dich lächelnd zeigt
Mach dir keine Sorgen
Die Zukunft gehört uns
Leb’ wohl mein Liebling

Nurhak*

Achtzehn Nurhaks
Auf der anderen Seite des steilen Berges
Sie haben sich angezogen und bewaffnet
Mit ihren Rücksäcken auf dem Rücken
Sie teilten sich in vier Gruppen
Fünf von ihnen bildeten einen Hinterhalt
Alle anderen verteilten sich wie Jäger in Richtung Bach
Sie passten sich den feindlichen Linien an
Am Fuß der Berges waren türkische Kommando-
Einheiten postiert
Ein Kampfpanzer erklomm den Berg
Die Bodenoffensive begann
Die Soldaten verteilten sich in verschiedene Richtungen
Der Adjutant gab den Befehl: »Feuer!«
Geschützfeuer war zu hören
Vom Berg hallte es wider
Brust an Brust begann der Waffengang
Und die achtzehn Nurhaks verengten die feindliche Front
Die linke Seite der feindlichen Front war durchbrochen

* Nurhak ist eine Stadt in der Südost-Türkei und ist auch der Name eines Berges (3070 m).

Der Adjutant gab ein einziges Zeichen
Zurück zum Versammlungsplatz
Zehn Soldaten waren tot
Fünf verletzt
Sie ergaben sich
Und Kampfflugzeuge starteten
Bombardierten mit chemischen Waffen
Die achtzehn Nurhaks wurden erschossen
Die Ebene Elbistan trauerte
Jedes Jahr an diesem Tag gedenken wir
Mit Respekt der achtzehn Nurhaks

Höhle

Ein Berghaus mit einem Bett aus sehr kostbarem Stoff
Darin schläft ein Monster
Ein Drachen
Der Sonnenschein auf seinem Gesicht
Ist sehr warm und hell
Einen schwindelerregenden Geruch strömt die Erde aus
Wie viele Monster hat sie wohl schon als Gäste empfangen
Wie viele wieder in die Berge geschickt
Unzählige davon haben sich versteckt
Es war wie eine Ohrfeige für den Verrat
Ich habe nach den Sitten und Gebräuchen gegraben
Höhle heiliges Haus meiner Heimat

Ameisen

In meiner Kindheit
Beobachtete ich immer die Kolonne von Ameisen
Die sich den ganzen Tag am Rande eines Landweges
in einer Reihe aufstellte
Eine Kolonne von Ameisen mit großen Strohhalmen in
ihren Mäulern
Begab sich immer nach zum Dreschplatz im Dorf
Sie fielen die Weizenähren und den Weizen an
Die auf dem Dreschplatz übrig blieben
Mehr als vierzig Kilogramm waren es
Wo jede mehr als ihr eigenes Gewicht mitnahm
Und sie sich alle zu ihrem Haufen begaben
Da schaute ich mir diese Ameisen an
Mit einer heimlichen Liebe
Gemeinsam kamen wir immer bei ihrem Haufen an
Von den Ameisen haben wir
Fleiß und Brüderschaft des gemeinsamen Arbeitens
gelernt
Somit haben sie einen Beitrag zu unserem Leben geleistet

Zwölf Säulen

Zwölf Säulen
Mit einem listigen Manöver sind sie aufgestellt
An den Rand meines Weges
Ein verrückter Niederträchtiger
Hat heimlich einen Hinterhalt eingerichtet
Beim ersten Schritt durchschaute ich
Seine heimtückische Falle
Zweihundert schmutzige Hände
Eigentlich sind es meine Lebenswege
Wo ich das Leben und die Liebe kennenlernte
Bei jedem Schritt
Ob es in der Dunkelheit oder bei Tageslicht war
Habe ich mich mit den Fußspitzen vorgetastet
Und lief um so besonnener
Immer wieder mir den Kopf zerbrechend
Indem ich die Sterne im Himmel anschaute
Und ganz aufrecht stand ich
Ich fühlte mich wie im Paradiesgarten
Und ging hindurch ohne dass meine Stirn etwas berührte
Denjenigen der diese zwölf Säulen aufgestellt hat
Fand ich vor der ersten Säule verwundet
Seine Wunde behandelte ich mit Liebessalbe
Dann wurde ihm wohl

HITACHI

Der Bach

Beide Seiten des Bachs
Sind geschmückt mit Blumen
Es plätschert
Auf den Wiesen zwitschern Wasservögel: »Kiwitt Kiwitt«
Niemand hat Zutritt zu ihren Nestern
Plötzlich sind sie abgeflogen
Der eine hat sich am Flügel verletzt
Ich weiß nicht wann er zurückkehren wird
Am Deich
Riecht es nach Wasser und Wiese
Miteinander vermischt
Wer dort vorbeikommt
Gerät außer sich

Gruß an Hans Holstein

Er hat dem Dichter dieser Stadt Luft zum Atmen gegeben
Ein unbestechlicher Mensch
Sein Herz so rein
Jedes Bild hat er auf Gotteswege gemalt
Der Bergbau war sein Arbeitsfeld
Auf menschlicher Basis hat er eine Freundschaftsbrücke
errichtet
Das Kunstwerk hängt bei mir an der Wand
Mein Leben lang
Werde ich seine Taten nicht vergessen
Seine Freundschaft habe ich meinen Erinnerungen
eingeschrieben
Ein einmaliges Werk
Hans ich wünsche dir
Ein lebenslanges glückliches
Zusammenleben mit Hilde

Die Rose im Blumentopf

Die Rose hatte Knospen
Ich pflegte sie wie mein eigenes Auge
Morgens war es immer meine erste Tat
Sie zu begießen
Ich würde aufatmen wenn die Knospen aufgingen
Ich lasse ihr jedoch Zeit
Ich möchte ihr nicht wehtun und sie deshalb gar nicht
berühren
Sie war die Hoffnung meines Hoffnungsgartens
Ihre Liebe stieß leicht in meine verwundete Brust
Sie war wie eine Braut mit ausgebreiteten Armen
Die Tage fließen wie Wasser
In meinem Traum habe ich sie unter die Sonne gelegt
Die Rose im Blumentopf war eine Bergrose
Als ich eines Morgens aufwachte sah ich
Wie sie dunkelrot erblühte
Dieses Datum habe ich in meinen Kalender eingetragen
Als den glücklichsten Tag meines Lebens

Auf dem Taurusgebirge

Das Taurusgebirge ist unvergesslich
Sein Fuß weitet sich bis Binboga
Die Ebene Elbistan liegt in seinem Schoß
Das Ehrengeheimnis wurde in seine Papiere eingraviert
Die Schornsteine der turkmenischen Dörfer qualmen
Trauer und schmerzliche Enttäuschungen
Aufstand in den kurdisch-alevitischen Dörfern
Ganz heimlich stellen sie sich zum Semah-Tanz* auf
Um sich tanzend umeinander zu drehen
Das Himmelsrad ist zerbrochen

* Der Semah-Tanz ist ein wichtiger ritueller Tanz der Aleviten.

Schlicht

Stockfinster ist es
Man sieht die Hand vor Augen nicht
Halte aus so lange du kannst
Meine Mutter war eine hübsche Gärtnerin
Mein Vater ein großer Bauer
In einem Kirschgarten haben sie
Ihre Gewehre mit den Spitzen zusammengestellt
Und sich genüsslich geliebt
Gleich neben ihnen verläuft ein Fluss mit schaumigem
Wasser
Auf dem anderen Ufer in den Wiesen
Steht eine durstige Gazelle
Etwas weiter am Abhang
Lauert ein erbarmungsloser Jäger
Wie soll ich Grausamkeit mögen
Eine Freundeshand ohne Dolch
Wellen schlagen ans Ufer
Wie ein Veilchen auf der Weide erblüht
Beginnt jetzt eine Zeit der Liebe

Vera aus Chile

Wie ein Komet
Flog sie vor meine Augen
Plötzlich blieb sie stehen
Vor der Kirche von St. Pauli
Wie ein Komet landete sie
Auf meiner Pupille
Mit Donner und Blitz
Lächelnd und süß
Sie fuhr mit der Hand durch ein Büschel ihrer roten Haare
Und kam näher mit ihren winzigen Schritten
Hand in Hand
Gingen wir spazieren an der Elbe entlang
Vera war warm wie ein Vogel
Genau wie es Neruda im Exil erging

Sorgensprössling

Auf der Weide und dem Hügel bekam der
Sorgensprössling Blätter
Sein ganzes Leben hat er nie Regenwasser getrunken
Seine Äste hingen in tiefer Trauer herab
Seine Zweige trugen keine Blüten
Wegen seiner Äste ist er bekümmert
Denn keine Vögel sitzen auf ihnen
Und ist er bekümmert
So schwingen seine Äste
Ist er gut gelaunt, so kokettiert er auch
Der Sorgensprössling
Im Traum wurde er mir in die Brust gepflanzt

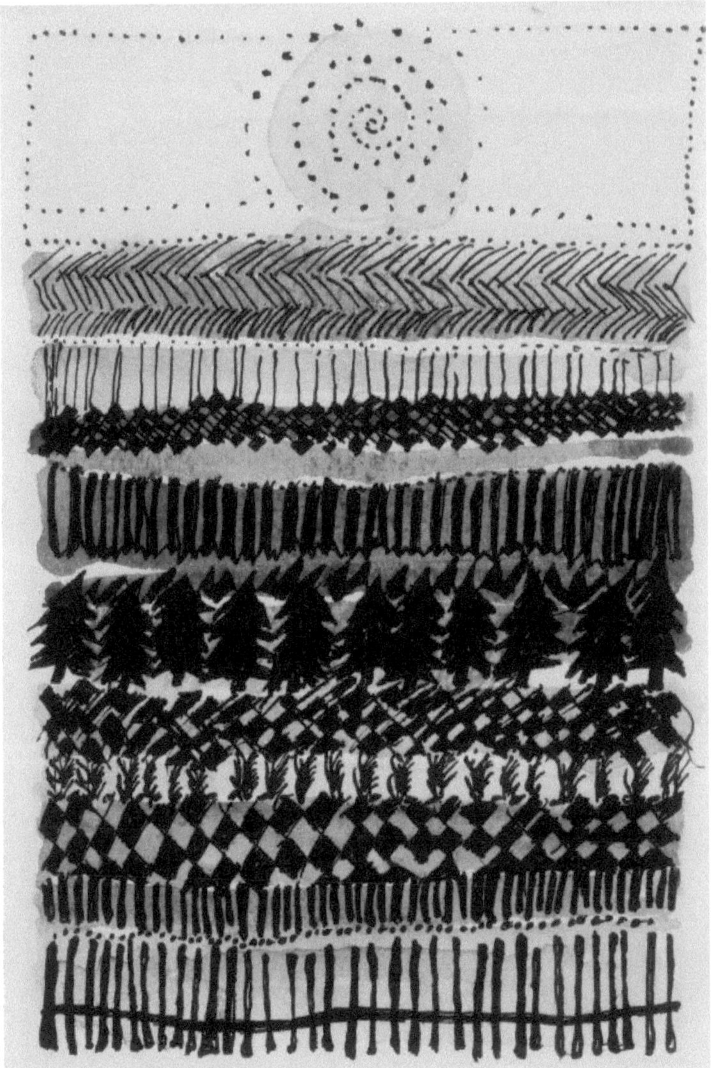

Nächte

Der Tag zog sich hinter die Berge zurück
Die Nacht brach ein
Die Nächte die im Alptraum stöhnten
Abscheuliche Nächte
Die durch die Liebe beeinträchtigt
In meinem engen Zimmer
Hängt ein Wandkalender
In dessen Blättern geschrieben steht:
Es gibt keine Liebe
Ich setzte einen Punkt.
Im verzauberten Kreis
Ganz leere Straßen
Wir waren nun mitten im kalten Winter
Gewaltig brach der heulende Wind ein
Ein Ast krachte und fiel herab
Dieser Baum der genau so traurig war wie ich
Stöhnte lautstark auf
Schlafende Vögel auf ihren Zweigen flogen weg
Vögel, die hoch aufflogen
Nahmen nicht ihre Wunschrichtung
Sondern diejenige zum Ursprung des Windes
Mit ihren schwachen Flügeln flogen sie hoch
Aber aus Ermüdung fielen sie einzeln nacheinander herab
Schade um diese Vögel
So vergingen die Nächte in schmerzlicher Enttäuschung

Pariser Blüten

Im Juni blühten die ersten Blumen
In der Rue du Montmartre
Und wurden gesät bis zur Rue du Temple
Jede Nacht herrschte Aufruhr
Die Straßenlaternen gingen aus
Sirenen heulten
Der Pont Saint Michel schloss einen in die Arme
Der Stadtteil Saint Jacques
Baute sich in den Herzen auf
Am Anfang jeder Straße stand eine Blume
Scheingesetze wurden von Blumen vertrieben
Und sie wurden vergessen
Geblümte Gesetze wurden verabschiedet
Die Blumen von Paris sind schön
Halbdekolletierte Mädchen
Klatschen Beifall auf der Straße
In Paris
Achtzehnhunderteinundsiebzig Blumen erblühen

Frühling

Die volle Sonne stand hoch
Und die schwarze Erde lockerte auf
Dunstiges Wetter wolkenlos
Die sehr warme Erde platzte auf
Die im Herbst gesäten Weizenfelder blühten
Die fruchtbare Erde war bereit für die Erntezeit
Die Bäume mit offenen Händen
Ihre Äste blühten vor Freude und tanzten spielend
Den Frühlingsregen tranken sie aus
Die Berge drehten die Gesichter der Ebene zu
Ihr Vorland war mit Grün bedeckt
Die Frühlingsflut brauste auf
Schnappte alles, was sie vor sich hatte
Und schleuderte es in ihr Flussbett
Im Frühling in jenem Jahr
War der Regen sehr fruchtbar
Und für Regen wurde gebetet

Semah-Tanz

Um Himmels Willen
Der Semah-Tanz gehört denen die ihn tanzen
Und denen die sich dazu auf den Weg gemacht haben
Um ihrer reinen Herzen willen
Um dieses getanzten Semah Willen
Nieder mit jeglichen Bosheiten
Es lebe der Semah-Tanz

Gib mir deine Hand

Im Lebensteig
Sind die fünf Finger verklammert
Jeder Finger hat ein eigenes Wunder in sich
Erst alle fünf Finger verstehen
Jede juckende Wunde im Körper
Streich' die leeren Worte in deinem Kopf durch
Deine Füße eilen zu Hilfe
Um die Last zu tragen die voller Liebe ist
Das Leben wird schwerer und schwerer
Für die Frau kaum zu ertragen
Möge dein Wunsch in Erfüllung gehen
In deinem Glücksgarten
Gib mir deine Hand damit ich dir eine Rose reiche

Es weht der Kummerwind

Du kannst nicht aufhören sie anzuschauen
Sie ist schön wie ein Schluck Wasser
Ihre Haare sind mit Rosen durchflochten
Ihre lebensvollen Brüste erzittern
Wenn der Geliebte sie ansieht
Es weht der Kummerwind
Der schwache Charakter wird zerfetzt
Und der Glücksbrunnen trocknet aus
Bitte sehr Sie Schöne
Haben Sie viel Glück

Erinnerungen

Frischer Klatschmohn
Erstickt und zusammengeknotet
Ein sauberer Bau ist zerfallen
Die Täler sind neblig und nicht einsehbar
Wie wir beide früher spazieren gingen
Auf den Weiden Hand in Hand
Nun wurden Erinnerungen unser aufgeregter Reiseführer
Plötzlich gingen sie auseinander und verschwanden
Ihre Geheimnisse die in uns blieben
Gleichen dem blühenden Weg
Kein Zweifel daran
Diese Erinnerungen sind unvergesslich
Mit allen sind sie erlebt und geteilt
Die Erinnerungen
Habe ich zwischen den Blättern der Rosen versteckt

Friedenstaube

Das Vaterland ist zerstört und liegt in Trümmern
Der verfluchte Krieg hält es in seinen Krallen
Das Wort Frieden ist verboten
Hunger und Elend erreichen ihren Höhepunkt
Die Städte sind voller Militärfahrzeuge
In jeder Ecke eines Viertels stehen Panzer
Es ist ein Tag der Vernichtung
Das Militär hat die Macht
Ja zum Frieden
Nein zum Krieg
Die Friedenstaube soll durch die Welt fliegen

Eiche

Auf einem verlassenen Feld wuchs sie
In ihrem ganzen Leben wurde sie nie gestutzt
Ihre Äste sind schief und verwachsen
Sie sitzt tief im Boden
Hat aber kein Glück
Ihre Äste sehen traurig aus
Ihre Wurzel ist in Ordnung
Mag den grauen Boden
Ihre Adern umklammern den Boden
Ihre Liebe genoss sie in der Sonne
Deren Schatten saugte sie in sich auf
Wasser trank sie einmal im Jahr
Mit Gottesliebe wuchs sie auf
Mitten in der Steppe
Die Eiche hat ganz recht

Liebesbrief

Hast du keine Langeweile in der Einsamkeit
Du Dichter
Pflücke nicht die Rose in meinem Herzen
Die dritte Zeile des Briefes wurde noch nicht entziffert
Sie ist zwischen Schluchzen versunken
Die restlichen von Tränen genässt
Habe ich gern Stück für Stück genüsslich gelesen
Sie fragten nach meinem Zustand und Befinden
Die Knospe meiner Sehnsucht ist verbrannt und zu Asche
geworden
Verwandelt in einen Sorgenbaum
Sie ist unerfahren verliebt
Und dies war meine Antwort
Mach dir keine Sorgen
Auf die linke Ecke des Briefs
Malte ich ein Herz
Und ins Herz eine Rose
Auf das erste Blatt der Rose schrieb ich
Ich liebe dich
O du Schönste unter den Schönen
Die Liebe braucht Geduld
Keine Eile ist nötig
Lass deine Würde nicht fallen
Sei nicht traurig
Nun geht es dir gut
Warte ab – eines Tages komme ich wieder vorbei

Der stumpfe Dolch

Auf den ersten Blick hat es gefunkt
Diese verrückte Liebe
Auf deine weiße Brust habe ich mich gelegt
Sie ist schöner als die Federn einer weißen Taube
Und deine melancholischen Augen sind wie ein Fluss
In die Tiefe meines Herzens geflossen
Sie streichelten meine Seele und mein Herz
Ich wollte dich in meine Handfläche nehmen
Und lieben wie einen warmen Vogel
Ich glaubte an die Reinheit deines Herzens
Mit deinem winzigen Zeigefinger
Hast du auf die Sterne am Himmel gewiesen
Und ich – mein Herz
Ach du Frau
Dein Gesicht und dein Herz sind schön
Bleib' nicht weg komm' mir wieder näher
Nach und nach wie ein Nebel
Ich wollte dich in ein Tal schleudern
Ach ich wusste es würde dir schwerfallen
Meine innere Stimme wünschte ich möchte weggehen
Nimm diesen stumpfen Dolch
Und stich ihn mir ins Herz
Das wäre schön

Schmetterlinge

Im sprudelnden Wasser
Auf der Liebespflanze
Sind sie mit bunten Flügeln versunken
Und torkeln wie Betrunkene
Eure Farben sind süß wie ein Schluck Wasser
Schöne Farben habt ihr
Jede von ihnen erinnert an eine Liebe
Fliegt Schmetterlinge frei
Fliegt noch einmal
Verflucht bin ich wenn ich sie berühre
Jede eurer Farben ist schön
Ich habe eure Farbe gemocht Schmetterlinge
Ich war berauscht während ich euch zuschaute
Einen von ihnen ließ ich fliegen
In den Garten meiner Geliebten

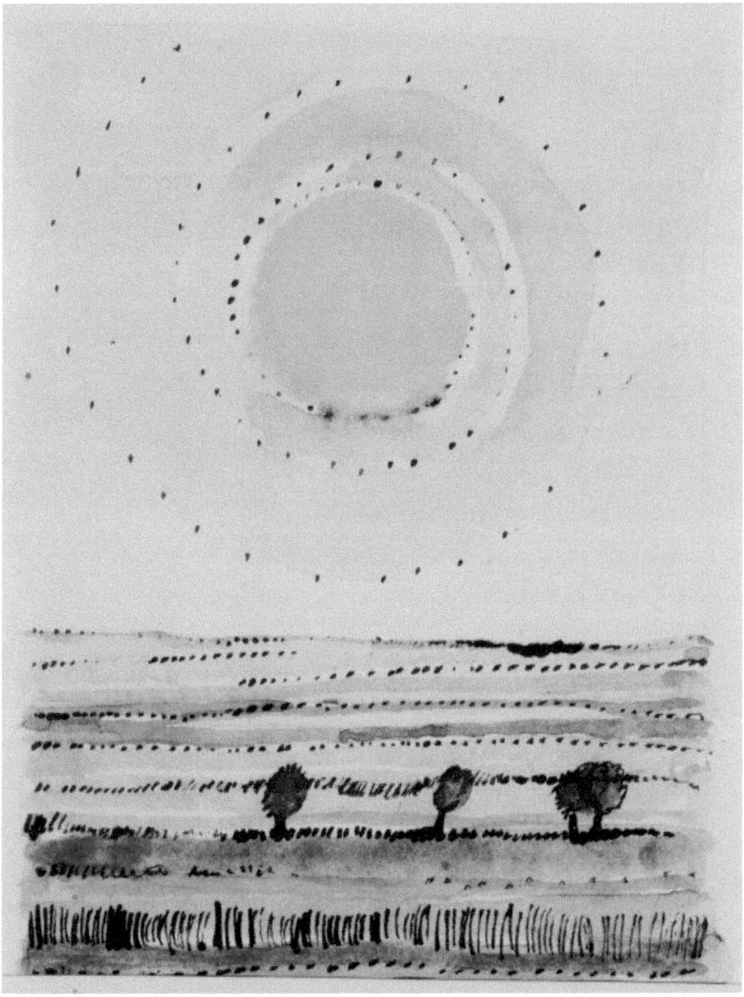

Wassermühle

Dreh dich so lange du kannst
Du Wassermühle
Mit den Geräuschen aus deiner Brust: »Klipp klapp«
Deine Segel im Wassermund
Bei dir scheint überhaupt alles zu klappen
Offenbar hast du auch gute Laune
Deine Geräusche – »klipp klapp« –
Klingen manchmal wie ein trauriges Lied
Doch der Müller ist verliebt
Das Wasserrad gerät außer sich
Ich drehte es nach links
Es drehte sich nach rechts

Lerche

Ihr Gefieder ist leicht und schön
Es erinnert an bräunlich graue Erde
Sie wird wach in der roten Hitze
Im Weizenfeld
Ihr Charakter bleibt sich stets gleich
Geht die Sonne unter so schläft sie ein
Sie träumt von der Sonne
Wie immer ist sie ein Faulenzer
In dem Augenblick da man sie berührt
Fliegt sie sofort davon die Lerche

Freundesgruß

Alte Freundschaft rostet nicht
Am wenigsten unter den Weisen
Sie bleibt auf Dauer geheimnisvoll
Freundschaft ist hell wie der Tag
Und glänzend wie der Mond
Ruhig wie die Sterne
Sie gleicht der Rose im Garten der Wirklichkeit
Man kann sie nicht auf den Markt bringen
Man kann sie nicht verkaufen
Sonst wäre sie trügerisch wie die Sicht in den Bergen
Sie würde zusammenstürzen
Wie eine alte Mauer
Freundschaft sucht man bei Kerzenlicht
Ein Freundesgruß ist etwas ganz Besonderes
Man liest ihn wie ein Gebot
Er fließt ins Herz und verwandelt sich in Liebe
Als ich vor Erschöpfung beinahe tot war
Sandte er ihn mir am Tag meiner größten Not
Ich erhielt den Freundesgruß und wurde von neuem lebendig

Der glückliche Hirte

Mit dem Rücken an den Berg gelehnt
Bei ruhigem trübem Wetter
Spielte er seine Hirtenflöte
Seine Viehherde hütete er auf dem Weideland
Schafe und Lämmer blökten
Das Heulen der Wölfe stak in der Erde
Der Hirte war besorgt
Der Hirte war zuversichtlich
Der Hirte war verliebt
Und der Klang der Flöte brach ab
Die Glocke am Hals des schwarzen Schafes
Hallte auf den Bergen traurig wider
Und einer tauchte heimlich in der Viehherde unter
Und verstopfte die bimmelnde Glocke mit Gras

Schlange

Schlangen sollen zischen
Das stimmt
Auch ich zische manchmal
Der Mensch soll angeblich bezaubern
Das ist eine Lüge
Ihre Farbe soll die Schlange sagt man von der Muttererde
bekommen
Von der sie auch ihre Haut nahm
Sie hat den Frosch verschluckt ohne zu kauen
Und ihr echtes Gift
Hat sie angeblich von der Haut des Frosches empfangen

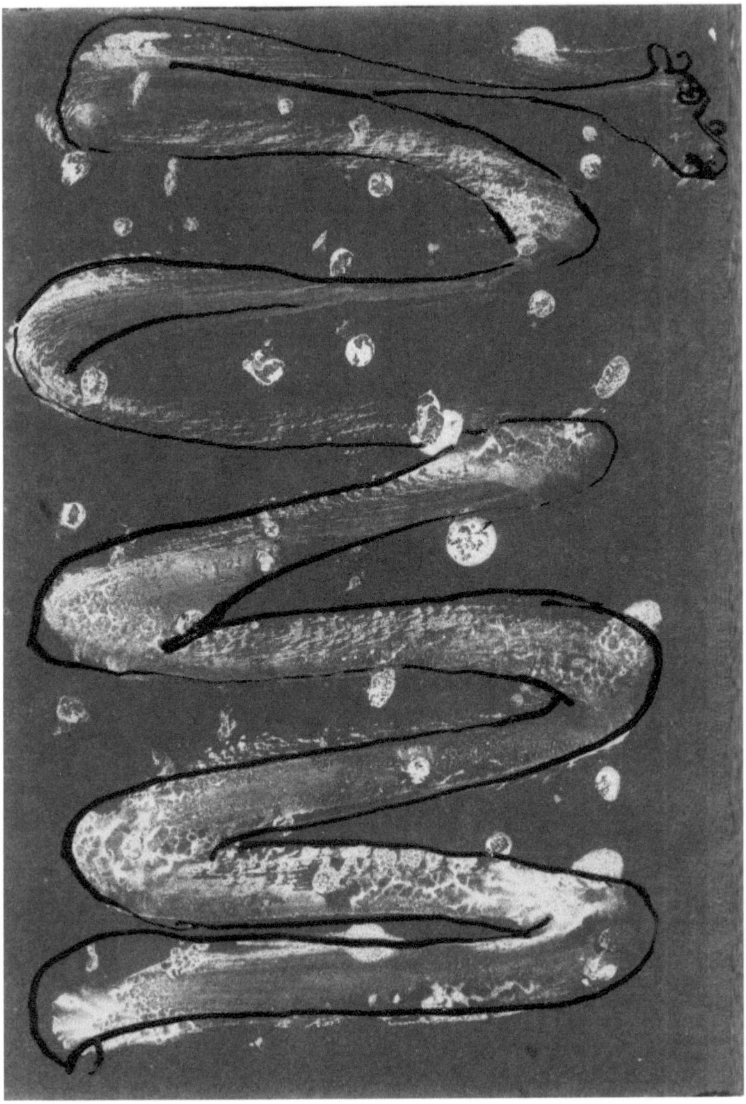

Einsamkeit

Der Wind überfiel ganz plötzlich mein Fenster
Und belagerte heftig mein enges Zimmer
Er blies auch den Tabakdunst hinaus
Eine verborgene Wolke
Er passte nicht in mein Herz und in meine Handfläche
Schaut mitten im schlimmen Winter sind wir nun
Der Himmel ist bedeckt
Die Sterne sind ausradiert
Es ist Halbmond
Das macht Hoffnung
Die Tage sind hell
Die Nächte immer dunkel

Verschneite Berge

Man kann sich nicht satt sehen
An dem verschneiten Vorgebirge
Liebe hatten die Berge in ihrem Blick
Viele Schneevögel flogen ab
Und verschwanden in den Bergen
Die verschneiten Berge waren verliebt
Der Tag ging zur Neige
Plötzlich war die Dunkelheit da
In der Nacht schien geheimnisvoll der Mond
Auf die Spitzen der verschneiten steilen Berge
Sie wurden nicht müde zu lieben
Und dann war Morgendämmerung
Das Heulen der Wölfe hallte wider
Und Hundegebell war zu hören
Die Geräusche vermischten sich
Und ertönten als Echo in den verschneiten Bergen
Die waren frustriert

Das menschliche Dasein

Die Völker überschritten Grenzen
Eines blieb im Tal
Jemand trat mit lauter Stimme
In das Haus eines Winzers ein
Er trug eine Strickjacke
Und in der Hand hatte er einen Dreschflegel
Bei Sonnenuntergang stürzte er hinaus
Schaute auf die Sterne am Himmel
Und verschränkte die Arme vor der Brust
Da zerriss die Menschheit wie ein zu straff gespanntes Seil

Curry & Döner 24

Glas in meiner Wunde

Sehr müde und ganz erschöpft
Sehnte er sich auf schwachen Beinen
Einen Schritt zu tun
Schwarzes Blut strömte ihm in die Füße
Sein Körper wog leicht wie eine Feder
Der Wind würde ihn verwehen
Im Griff des Verrats wanden sich seine Worte wie
Schlangen
Und sein Gesicht verzerrte sich hässlich
Verurteilt zur Liebe
War der Tag dunkel
Es war ein Tag der Frustration
Im Dezember
Feinde lauerten im Hinterhalt
Meuchlerisch öffnete sich die Tür
Es ging um die Wunde eines Freundes
Den ich einst betreut hatte
Wir waren wie Vögel im Käfig
Er hatte Glas in meine Wunde gestreut
Dann untersuchte ich seine Wunde
Und lernte daraus
Das richtete mich auf

Wolfsspur

Ein mutiger Jäger war unterwegs
Der Berg tief verschneit
Man hörte Wölfe heulen
Er fand Spuren am Fuß des Berges
Vor Freude erstickte der Jäger fast
Der ersten Spur folgte er
Nach diesem Zeichen zog er den Kreis enger
Dann erreichte er die Bergspitze
Vor Hunger wurde das Heulen des Wolfs immer leiser
Der Jäger verengte den Kreis nochmals
Den Wolf fand er dann in einem kleinen Loch
Das arme Tier zitterte vor Hunger
Als es den Jäger sah
Warf es ihm Schnee ins Gesicht
Der Jäger richtete das Gewehr auf seine Stirn
Ein Schuss war zu hören
Der arme Wolf brach auf der Stelle zusammen
Und Rauch deckte die Berge

Liebesboot

Als die Frau ihn sah
War sie vor Liebeslust
Ganz außer sich
Sie fühlte sich im Wasser wohl wie ein Fisch
Freudig kam sie näher
Und sah ihren Schatten im Wasser
Sie geriet in Panik
Spring schon Frau
Sie konnte sich nicht zurückhalten
Und sprang hinein
Du hast in der linken Hand schon das Paddel
Jetzt Verliebter rudere los

Inge Buck

Unter den grünen Blättern
Weidete im Morgengrauen eine Gazelle
Die heimlich zum Trinken hierher kam
Dann betrachte sie sich selbst
Im fließenden Wasser
Und bespritzte sich das Gesicht
Auf dem Rückweg geriet sie an einen Graben
Jäh sprang sie hinüber
Und landete im Wald
Ich fürchtete es würde ein Jäger kommen
Zum Glück verschwand sie dann rasch
Laut las ich ein Gedicht
Ich war verrückt vor Liebe
Dann rollte ich mich den Hang hinunter
Und fand mich plötzlich im Bach
Ich stand zitternd auf
Und kam wieder zu mir

Die arme Stadt

Kaum hatte er die Stadt betreten verbreitete Thomas
Münzer
Der gute Meister die »Schuh-Revolte«
Das Wasser der Weser brauste auf
Hinterher kamen die Hamburger Barrikaden
Die Hafenstadt wurde begnadigt
Wie ein Alptraum war der Überfall der Franzosen
Gott sei Dank schien bald wieder die Sonne
Und der französische Schatten verlor sich
Meine Sieben Faulen Freunde in der Böttcherstraße
Hatten gute Laune
Wissenschaftler waren sie
Verstanden was vor sich ging
Ich bin glücklich wenn ich sie sehe
Einer dieser Sieben Faulen Freunde stand auf
Friedrich Engels. Und Peter Weiss
Erzählte aus dem Gedächtnis seinen Werdegang
Man verstand schon die Bedeutung des armen
Gemeinwesens
Es wurde zu einer Stadt der Wissenschaftler und Mönche
Wir schützen sie wie unser Augenlicht
Fünf-Finger-Bruderstadt
Unser armes Bremen

Kurdistan

Ein Land, für das ich im Gefängnis saß
In der goldenen Epoche meiner Jugend
Ein Land mit verschneiten Bergen und Ebenen
Durchflossen von Tigris und Euphrat
Am Rande Mesopotamiens
Wo das Erdöl offen zu Tage liegt
Ein Land der Feen
Genauso weit ist die Harran-Ebene
Wo die erste Universität eingerichtet wurde
Und in Keilschrift wurden hier
Literatur und Poesie geschaffen
Die auf den Burgtürmen gelesen wurden
Mesopotamien ist das Mutterland der Ernte
Mit endlosen Ebenen und Zelten aus Ziegenhaar
Mit dem Pflug beackerte man die dunkelfarbigen Felder
Doch die Erzählungen wehrten sich gegen Tyrannen und
Tyrannei
In vielen Aufständen wie im Gilgamesch-Epos
Und in der Geschichte von Ahmedi Xani*

* Ahmedi Xani (1651-1707) war der Autor des kurdischen Nationalepos Mem u Zin.

Man hörte die Gesänge der Nachtigall
Die in die gewaltigen Berge verliebt war
Von dem Vogel lernten wir
Lieder und Klagelieder
Gegen Krieg und Gewalt
Wie in einem Chor sangen wir sie
Wir riefen Frieden
Und stellten uns mit Volksstämmen zum Ringtanz
Gegen das Verbot unserer Sprache
Begrüßten wir dennoch die Welt

Der armenische Ehrenfriedhof

Die Augen meiner Großmutter waren traurig
Nachts sprach sie im Schlaf
Als sie früh morgens aufstand
War ihre Miene von Schmerz gezeichnet
Ihr Gesicht war gerötet
Übermüdet war meine Großmutter
Sie öffnete den Deckel des großen Tongefäßes
Und zeigte die Inschrift im Inneren

Es ist das Jahr 1915
Es war Bozo der dies tat
Er schlug sich auf die Knie
Das war das letzte Geschenk das er uns hinterließ
Mitten im Sommer wurde er
Mit einem Schwert erschlagen

Los mein Enkel steh auf
Auf zum Ehrenfluss
Am Fuß des Berges von Elbistan
Pflanzte meine Großmutter eine Blume
Und ich habe sie begossen mit Wasser
Aus dem Ehrenfluss

Christa Wolf

Hübsche Schwester
Geh nicht hinüber komm her
Wir wollen uns aussprechen
Die Berliner Mauer wurde gestürzt
Zunächst hat man von dir erzählt
Hübsche Schwester
Deine Geschichten
Überschwemmen wie eine Flut mein Herz
Kapital jeder menschlichen Existenz
Streit ist unnötig
Hübsche Schwester
Wie in der Geschichte vom halben Apfel
Gehört die eine Hälfte mir die andere dir
Ich habe keine Bedenken
Hübsche Schwester
Den Nationalismus haben wir hinter uns gelassen
Wir sind Afrikaner und Amerikaner
Wir sind Asiaten und Europäer
Aufrüstung an den Grenzen
Ist etwas für Verrückte sagten wir
Auf dem Weg zu einer Welt ohne Grenzen
Sind wir vorwärts gekommen
Das wurde als Schuld betrachtet
Hübsche Schwester
Beim Essen auf dem Tisch
Stammt das Wasser von dir das Salz von mir
Unsere Freunde sind bei uns
Bitte schön – guten Appetit

Die Geschichte meiner Großmutter

Am Anfang einer Geschichte
Begann sie mit schwächlicher Stimme
Doch allmählich wurde sie lauter
Schluchzend schlug sie sich auf die Knie
Tränen rannen ihr aus den Augen
Sie schlang mir die Arme um den Hals
Lächelnd streichelte sie mir die Haare
Als ich sie ansah war ihr Gesicht
Ganz klar und fröhlich
Mit kräftigen Schritten rannte sie hinaus
Ihr Zeigefinger wies
Auf die steile Seite des Berges
»Die Truppen des Feindes erlitten große Verluste
Diese Berge sind nicht passierbar
Sie konnten nicht einmal die erste Etappe erreichen
Und sind geflohen
Ohne zurück zu schauen
Die Berge konnten sie nicht übersteigen
Darum nannten sie uns die ›Leute vom Berg‹
Die Liebe und die Aufstände haben wir
Von den Bergen gelernt
Wir sind verliebt in die Berge«

Ilona aus Venedig

Ihre Größe überragt einen Tannenbaum
Ihr Gesicht ist weiß
Ihre großen rubinroten Lippen
Sind mit bitterem Honig bemalt
Ihr enger Rock ist mit Rosen geschmückt
Und umhüllt ihre schmale Taille
Die Schönste der Schönen aber war unglücklich
Auch ich gehörte zu ihren Bewunderern
Sie erzählte viel
Von den Theaterbühnen in Venedig
Anschließend nahm sie dann immer
Ihre Gitarre von der Wand
Und spielte beidhändig traurige Lieder
Ich bekam weiche Knie
Sie beugte sich zu mir und flüsterte
Ich konnte es nicht länger aushalten
Und sank müde ins Bett
In jener Nacht sprach ich im Schlaf nur immer von Ilona
Als ich morgens erwachte
Reichte sie mir eine Rose
Ich war bis zum Wahnsinn verliebt

Die Geschichte der Mauer

Unsere eigentliche Geschichte beginnt hier
Der Maurer bindet das Spannseil an den Eckstein
Dieser Stein aus dem Berg herausgerissen
Erinnert an die Zähne eines weißen Elefanten
Die Mauer ist gut gelaunt
Der Maurer grüßt den Berg
Und der Berg will den Maurer umarmen
Reiß' mich heraus und nimm mich mit Maurer
Füg' mich auch in deine Geschichte ein
Der Maurer schrieb auf einen weißen Stein
Das ist die richtige Mauer
Die richtige Mauer stürzt nicht ein
Ihre Seele wurde aus Herz errichtet
Das ist die Liebesmauer
Die richtige Mauer stürzt nicht ein

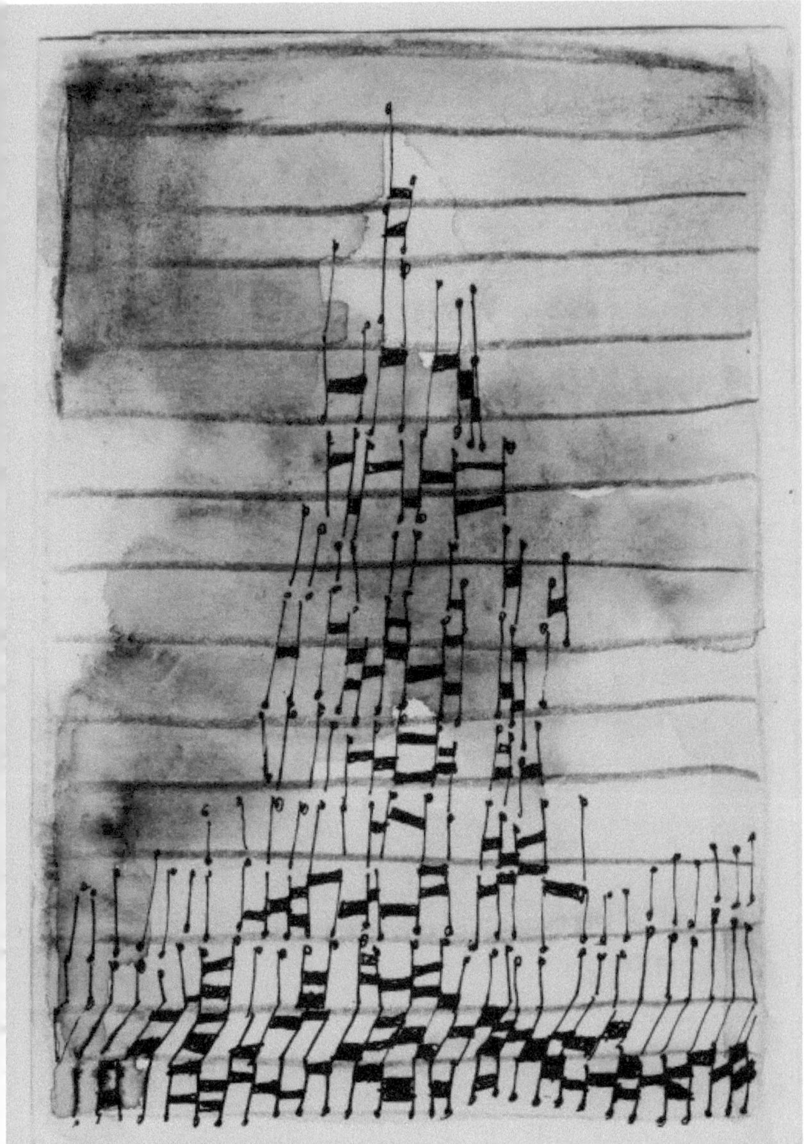

Vögel

Vögel sind sehr hübsch und warm
Ihr Blut gefriert nicht
Selbst bei mehr als 50 Grad Kälte
So sind sie beschaffen
Das Weibchen hatte ein Büschel Gras im Schnabel
Das Männchen schlug mit den Flügeln
Und lief um sie herum
Plötzlich flog das Weibchen zwitschernd auf
Setzte sich auf das Vordach und versteckte sich
Das Männchen stieg auf und schloss sich der Schar
Vögel an, die des Klimas wegen höher und weiter fliegen
Ordnete sich ein nach Farbe und Art
Und dann landeten sie Flügel schlagend in einer Reihe
Und ließen sich an der Stelle nieder, die sie sich gewünscht
hatten

Unser Lächeln unter der Folter

Solange unsere Füße in Eisen lagen
Entbrannten wir an Ketten gefesselt
Mit dunstigen Bildern vor Augen
An der Hinterfront entzündeten wir uns
Wir haben dennoch viel gelacht
Gegen Schmerzen stur
Der Zellenboden war weiß selbst in der Nacht

Wir wurden zu armem Volk
Das den Hirten sehnsüchtig beneidet
Ich kann trotzdem nicht erklären
Was wir auf dem Zellenboden flüsterten

Und
Ohne Grund haben wir geliebt
Ohne es richtig zu verstehen
Und es ist auf deiner Wange
(Aber ich werde es niemals sagen können)

Wir tasteten hilflos nach einem Ausdruck dafür
Dass der Sinn aller Sprachen
Immer wieder derselbe ist
Lieben

Bei der trockenen Kälte des Morgens
Da das Leben in einem Bahnhof nistet
Von dem aus wir in die alte Ferne gelangen werden
Wo mein Anatolien und mein Mesopotamien nicht vereint
sind
Wir sahen Kinder mit großen Tragkörben auf dem
Rücken
Deren weiße Zähne noch nie
Das Tageslicht erblickt hatten

Dunkelhaarige Kinder
Die vor Schlangen barfuß wegliefen
Damit sie ihnen nicht zur Beute wurden

Die Armen die ewig durch Religion ausgebeutet werden
Endlich müssen wir uns durchsetzen
Um Schwierigkeiten zu überwinden und zu leben
Bevor es zu spät wird

Kurz vor dem Überwinden einer Steigung
Waren wir außer Atem
Und
Rasteten doch nicht
Was er in der Lunge spürte
War Sehnsucht nach der Heimat
Europa und Asien
Waren wie die beiden Spitzen eines Hemdkragens

Verwundet erzählte er immer
Mit heimlicher Unschuld

Eigentlich war es geheim
Was ich nicht aussprechen werde
Es waren weder Sachen
Die man allenfalls in einem leeren Ziehbrunnen
Hätte erzählen können
Noch sein fließendes rotes und lauwarmes Blut
Es war die Freiheit
Die mit dem Atem aus ihm drang
Wie ein Vogel
Der vor dem Jäger davon fliegt mit einem Herz
Das nicht klopft

Meine Träume im Meer

Ich träume im Meer
Blau
Von einem Mann
Der flach auf dem Boden liegt

Brünettes Haar
Gelbe Hitze
Der Duft des Meeres haftete
An seiner Haut

Grün wie Fische
Stand er sandig
Auf der einen Seite
Seine Augen waren weinrot
Zugeküsst

Ich weiß nicht
Seit wie vielen Monaten er sich nicht den Schopf
gewaschen hatte
Mit dem er da einfach so stand
Als würde er noch heute sterben

Er hatte keinen Vornamen
Wer weiß wie er hieß
Als hätte er keine Zukunft
Taumelte er
Er liebte eine Frau
Die er dem Meer anvertraut hatte
Er berührte eine Haut
Die sein Geheimnis barg

Er hatte sie aber in seinen Träumen immer geliebt
In den Wellen die an den Strand schlugen
Ihre Stimme klang ihm in den Ohren
Wie mir meine Erinnerungen in meinen Träumen

Ob die Tonart Nihavent[*]
Oder Hicaz[*]
Oder Kurdili Hicazkar[*] lautete
Der Schrei der Möwen war ihm im Gehör

Helin tat so als ob sie »Geh nicht« sagte
Hovin Helin
Ein besticktes Taschentuch in der Tasche
Hovin Helin
Was war Lieben
Und was war die Liebe
War sie ein Kampf eines Bootes gegen die Wellen

War sie ein Spiegelbild des Mondes im Meer
Ein Mann hatte sie geliebt
Auf der anderen Seite des Berges
Mal im Dampfer mal bei der Trennung

Mal war sie Zuckermelone mal Schafskäse mal Fisch
Helin wurde zwangsverheiratet
Gegen eine Mitgift in Werte von Zehntausend
Helin aber liebte einen Mann aus den Bergen

* Bezeichnungen für Tonarten in der klassischen orientalischen (türkischen, arabischen, kurdischen) Musik.

Für Rose Pfister

Erfüll mich
So soll mein Herz dein Herd sein
Mit dem Geruch nach einer Scheibe Brot
Dein Duft soll in meinem Gaumen bleiben

Wie der Wind den Rauch verweht
Soll das Wort Sehnsucht aus deinen Lippen stürzen
Was für eine Zeit ist das
Eine verräterische Zeit

Welchen Sinn hat sie
Außergewöhnlich ist sie in ihrer Nichtverfügbarkeit
Es ist als ginge man ganz allein
Was für eine Leidenschaft das ist

Das ist als schriebe man
Seinen Namen an das dunstige Fensterglas
Oder wie ein Kind
Das unter dem Regen steht
Und nass wird
Weder ein Aufschrei ist das
Noch eine Klage
Geh nicht weg
Bleib bei mir
Damit ich mich an deinen Kopf lehnen
Und anatolische Wiegenlieder singen kann
Und aufwache

Geh nicht weg bitte
Bleib bei mir
Vergiss mich nicht

Die Blätter der Geschichte

Es ist wie wenn man
Anders erzählte
In einer fremden Sprache
Etwas Zimt

Etwas Thymian
Und etwas wie der Geruch des Berges
Und etwas wie der Geruch Anatoliens
Einsam barfuß laufend

Wie ein Kind sein
Die Sehnsucht des Friedens umfassen
Bei der Obdachlosenarmee
Leben indem man einen Kreis bildet

Die Stimme der Freiheit fühlen können
Vielleicht aus den Seiten der Geschichte fliehen
Wie ein Sklave
Der fälschlich zum Verkauf angeboten ist

Schlagt nicht zu alle schmutzigen Blätter eins nach dem anderen
Der Geschichte
Reißt ab all die blutigen Seiten in euch
Löscht vielleicht die Seiten an die man sich nicht erinnern will

Weder wie ein Amerikaner der mit mutigem Mund
»Farbige« diskriminiert
Noch wie ein impotenter Engländer sein
Es ist so leicht wie Einatmen
Wie man gegen die Zeit rennt

Erzählen können was ich in mir habe
Sauber wie Wasser aus dem Euphrat
Und dunkel wie Ankara

Erinnerungen

Gebrochene Gefühle
Alles durcheinander
Du existierst je nach dem
Was du in dir hast

Wie Atem fühle ich mich
So tief warst du in mir
So tief warst du noch in mir
Als ich dich lange küsste

Das Leben bietet einem manchmal
Sinnvolle Geschenke
In der Zeit danach
Wissen dass Tag ist nach der Nacht
Genau so wie die Zeit heute ist
Der Name des Tages sein

Während du im Leben lächelst
Solltest du Sonne sein
Und während du Sonne bist
Solltest du wissen wie man Nacht wird

In der Dunkelheit der Nacht bist du verliebt
Du solltest wissen wie man zur Legende wird
Erst solltest du in dein Herz eintreten
Dann wirst du es schon verstehen

Und du wirst dich nie vergessen
Du wirst einem anderen gehören
Ohne ihn kennenzulernen

Drachen in meinen Träumen

In meinen Träumen habe ich Drachen gebaut
Ich habe meine Geliebte verstanden
Die große Liebe habe ich verstanden
Durch deine Lippen die wie Holzfeuer glühen

Was aus der Unwissenheit entspringen wird
Habe ich verstanden meine Geliebte
Und wie du verschwunden warst

Mit meinem Herzen
Das unter den Schatten der Schluchten
Mit der granatroten Zunge der Liebe
Deine Augen wie Feuer

Dieser Ort war nachtblau
Und erinnerte an eine Stadt
In der Ferne
Deren Lichter funkeln

Einer erinnerte sich an die Zeiten vor der Geschichte
Es war Phönix hinter dem Berg Nimrod
Seine Augen waren nachtblau
Etwas rötlich
Zitterten seine Pupillen

Der Wind war gekämmt
Wie Vögel die in ihren Schnäbeln Hoffnung tragen
Für den Spinner der diesen Bau errichten lässt
Die wassertragende Ameise
Und die nistende Taube

Küste sein in einer Stadt ohne Meer
Sandburgen bauen
Und dann an einem Morgen
Da die Sonne sich im Fensterglas spiegelt
Sagen können
Guten Morgen meine linke Seite

Salman Nurhak

(Jahrgang 1963) stammt aus Kasanli im südöstlichen Teil der Türkei (Provinz Kahramanmaraş). Schon während seiner Schulzeit hatte er begonnen, sich politisch oppositionell zu betätigen. Nach dem Militärputsch von 1980 wurde er wegen solcher Aktivitäten arretiert und zu einer Strafe von insgesamt sechs Jahren und acht Monaten Haft verurteilt, von denen er (1983–84) zwei Jahre ab-sitzen musste. Nach der vorzeitigen Entlassung engagierte er sich wiederum politisch, diesmal für eine Menschenrechtsvereinigung in Istanbul. Daraufhin musste er die Türkei verlassen. 1991 kam er nach Deutschland, wurde bald als politischer Flüchtling anerkannt und erhielt einen deutschen Pass; seit 1995 lebt er in Bremen.– Er hatte schon als Jugendlicher Gedichte geschrieben; diese lyrische Vorgeschichte reaktivierte er im deutschen Exil. Neben seiner Tätigkeit als Mitarbeiter der Bremer Städtischen Galerie, des Künstlerhauses und der Friedensgemeinde produzierte er seine lyrischen Gebilde und hielt – in Bremen, Hamburg und Paris – viele Lesungen, wobei er stets dafür zu sorgen wusste, dass auch eine deutsche Fassung seiner Texte zu Gehör gebracht wurde. Daneben war Salman Nurhak gelegentlich in audio-visuellen Medien (Rundfunk und Fernsehen) zu hören und zu sehen. Der Peri Verlag in Istanbul veröffentlichte 2015 drei seiner Bücher im türkischen Original, nämlich die Gedichtbände Ve aşk und Madımak'tan Roboski'ye sowie den dokumentarischen Roman Maraş Katliamı. Die erste der genannten Gedichtsammlungen erscheint hier auf Deutsch: … nur die Liebe.

Gertrud Schleising

»Gertrud Schleising zählt in Bremen zu den ganz und gar außergewöhnlichen Künstlern. Mit ihrem offensiven Zugriff auf alles, was in ihren Lebensbereich tritt, atmet in den Räumen ihrer Gegenwart alles in den Atmosphären künstlerischer Aktion. Kein Gegenstand – und mag er noch so winzig und unbedeutend erscheinen – entgeht ihrer künstlerischen Anverwandlung, wenn er in ihren Blick fällt. So schafft Gertrud Schleising Bilder, skulpturale Assemblagen und raumgreifende Installationen, die nicht selten innerhalb des Prozesses der künstlerischen Genese weiter ergänzt und verwandelt werden. So erscheint Gertrud Schleisings Werk wie eine künstlerische Manufaktur des permanenten *work in progress*, zumal sie das Geschaffene nicht zuletzt in der ihr eigenen Sprachgewalt im mündlichen Vortrag exponiert und kritisiert. Dass Gertrud Schleising all dies nicht ohne ein gerüttelt Maß an ironischem Schalk und gebündeltem Witz umsetzt, macht den spielerischen Charakter ihres Werkes aus, das ganz auf Schillers oberste Maxime vertraut: ›Der Mensch ist nur dann ganz Mensch, wenn er spielt.‹«

Carsten Ahrens

Ian Watson

Spielfelder

Eine Fußballmigration

184 S., 22 Abbildungen
Taschenbuch, Format 14 x 22 cm
14,90 Euro
ISBN 978-3-95494-097-4

»Eine Autorenkollegin fragt, was um Himmels Willen Fußball mit Migration zu tun habe. Meine erste – für sie – kryptische Antwort lautet: ›Frag Guardiola und Klopp‹. Ich kenne nämlich keinen Berufsstand, der so viele Migranten beschäftigt – ob Binnenwanderer oder Grenzen Überschreitende. Das Kind eines Profifußballers wechselt die Heimatstadt sogar öfter als eines aus einer Bundeswehrfamilie …«
Der irisch-bremische Autor, Literaturwissenschaftler und Werder Bremen-Fan Ian Watson fand in Deutschland eine zweite Heimat, die allmählich droht, seine erste zu werden. Er hat die Sitten und Gewohnheiten seines Gastlandes sowie seiner alten Heimat beobachtet, verglichen und aufgeschrieben, und ist so gleichzeitig Bestandteil und distanzierter Kritiker beider Kulturen. Ein wesentlicher Faktor in diesem Tauziehen ist seine Verbundenheit mit dem deutschen Fußball, die er seit 40 Jahren als Hobbykicker und Fußballvater, aber vor allem im Stadion verfolgt. Literatur und Fußball geben Halt und stiften Identität, das heißt, sie fördern Zusammengehörigkeit. In Spielfelder untersucht der Kulturhistoriker anhand von eigenen und den Lebenserfahrungen anderer das Spannungsfeld innerhalb des Dreiecks Heimat-Identität-Fußball. Watson mischt Fakt mit Fiktion, ernsthaft Historisches mit satirischen Glossen sowie Journalismus mit Lyrik und Anekdoten zu einem unterhaltsamen Potpourri. Spielfelder ist also Lebenschronik und Fußballgeschichte, Leidensweg und Liebeslied.

Zwei gegen den Krebs ...

Jürgen Block

Die Heilungsreisenden

Roman

192 Seiten
Taschenbuch, Format 14 x 22 cm
14,90 Euro
ISBN 978-3-95494-103-2

Anna und Berti wurden ganz schön vom Leben gebeutelt. Es gab gute Tage, sicher. Aber schlechte gab es auch, und das nicht zu knapp. Aber gleich von schlechtem Leben reden? Nö. Weil, Anna und Berti haben sich den Humor bewahrt, wie eine eiserne Ration oder wie eine Kostbarkeit. Denn in Anna rumort wieder der Krebs – Krebs mit allem Pipapo. Kurzentschlossen wählt Anna statt OP-Schlachtbank einen Spontan-Urlaub. So zuckeln sie kreuz und quer durch die Weltgeschichte und erleben Abenteuer, von denen sie früher nicht einmal zu träumen wagten.
Der Roman »Die Heilungsreisenden«, der von einem tapferen Ehepaar handelt, verlangt ebenso tapfere Leser, die sich trauen, sich auf ein berührendes und etwas anders erzähltes Leseabenteuer einzulassen.

Band 2 erscheint im Januar 2017:

Turbulent:
Berti auf Vätersuche
im Bremerhavener
Rotlichtmillieu

Jürgen Block
Freihafen
Roman

ca. 140 Seiten
Taschenbuch, Format 14 x 22 cm
ca. 12,90 Euro
ISBN 978-3-95494-104-9

Fieser Spaß mit jeder Menge schwarzem Humor

Gesa Schwarze / Anja Ulbig
Fünf Minuten Fies
Kurzkrimis aus Bremen
ca. 128 Seiten
Taschenbuch, Format 22 x 14 cm
ca. 12,90 Euro
ISBN 978-3-95494-106-3

Begleiten Sie unsere beiden Autorinnen auf ihren schaurigen Streifzüge durch Bremen und umzu – vielleicht entdecken Sie ja einen Schauplatz vor Ihrer Haustür …

Unterhaltsame Geschichten aus Bremen

A. Bremen
Nimm Platz!
Bankgeschichten aus Bremen
156 Seiten, 12 Abbildungen
Taschenbuch, Format 22 x 14 cm
14,90 Euro
ISBN 978-3-95494-105-6

Acht Bremer Autorinnen und Autoren laden zum Lesen ein – auf Bremer Bänken an verschiedenen Orten Bremens (Geodaten sind angegeben). Natürlich kann man die skurrilen, nachdenklichen, spannenden und fantastischen Bank-Geschichten auch auf dem heimischen Sofa lesen. Aber direkt am Ort des Geschehens, beispielsweise auf einer Bank an der Schlachte einem Gorilla zu begegnen, auf der Emmabank im Bürgerpark in die vierziger Jahre zu tauchen, unter einer Parkbank in Walle einen Schatz zu vermuten, oder auf einer Bank etwas über Heini von der Müllhalde zu erfahren, ist schon etwas anderes!
Mit Texten von Heike Sonn, Andreas Mundt, Petra Pot d'or, Jan Ischke, Manuel Bianchi, Gerda Smorra, Stine Volkmann, Sunny Claire.